Στην Καρδιά ενός Χρυσόστομου

ΧΡΥΣΟΣΤΟΜΟΣ ΓΙΑΝΝΑΚΟΥ

ΑΦΙΕΡΩΣΗ

Αφιερωμένο, όπως άλλωστε θα επιθυμούσε ο συγγραφέας, στην γυναίκα του Αννούλα και στα τέκνα του Ευγένιο, Ανδρέα και Νικόλα.

ΠΕΡΙΕΧΟΜΕΝΑ

ΕΥΧΑΡΙΣΤΙΕΣ

Το παρόν ανθολόγιο έχουν επιμεληθεί η Γεωργία, ο Ευγένιος και ο Παύλος, νύμφη, γιος και εγγονός του Χρυσόστομου Γιαννακού αντίστοιχα. Η Γεωργία επιμελήθηκε την εύρεση και οργάνωση των ποιημάτων. Ο Ευγένιος επιμελήθηκε την βιογραφία ενώ ο Παύλος επιμελήθηκε την δαχτυλογράφηση και σύνταξη του βιβλίου.

ΕΙΣΑΓΩΓΗ

Ο Χρυσόστομος Γιαννακού γεννήθηκε στην Κερύνεια το 1923. Παιδί εξαμελούς οικογένειας αγροτών, πέρασε τα παιδικά και νεανικά του χρόνια μέσα στη φύση και τη μικρή τότε κοινότητα της γενέτειράς του, κάτι που επέδρασε καταλυτικά στη μετέπειτα διαμόρφωση του χαρακτήρα του.

Το οικογενειακό, πατρικό του σπίτι βρισκόταν νότια της πόλης, στους πρόποδες του Πενταδάκτυλου ανάμεσα στα δέντρα και τους θάμνους του βουνού απ' όπου ατενιζόταν η θάλασσα της Κερύνειας και έσμιγαν οι μυρωδιές του πελάγους και του όρους.

Παράλληλα με τις διάφορες σκληρές ασχολίες της αγροτικής ζωής, ο νεαρός Χρυσόστομος φοιτούσε στο αγγλικό σχολείο της Κερύνειας και κατένειμε ισάξια το χρόνο του μεταξύ της εξυπηρέτησης των απαιτήσεων της διαβίωσης και της μόρφωσης, ακολουθώντας το πεπρωμένο του το οποίο διαμόρφωσε με τους προβληματισμούς και ανησυχίες του.

Από μικρής ηλικίας είχε μια έμφυτη τάση προς την ποίηση, τη φύση και το φιλοσοφικό στοχασμό. Ο άνθρωπος, οι δημοκρατικές αρχές και η έννοια της δικαιοσύνης υπήρξαν από πολύ νωρίς το επίκεντρο των δραστηριοτήτων και ονειροπολήσεων του. Οι πολιτικές και οικονομικές συνθήκες της μικρής του πατρίδας υπήρξαν τα κίνητρα και οι αφετηρίες των σκέψεων, των συλλογισμών και ιδεών που σε μελλοντικό στάδιο διαμόρφωσαν οριστικά το χαρακτήρα του και την προσωπικότητά του.

Σημείο καμπής για τη ζωή του υπήρξε η γνωριμία και ο γάμος του με την Αννούλα Ανδρέου (από το Όμοδος), κάτι που τον οδήγησε να εγκατασταθεί μόνιμα στην Λεμεσό στις αρχές της δεκαετίας του '50. Από αυτό τον γάμο γεννήθηκαν τρία αγόρια. Ο Ευγένιος, ο Ανδρέας και ο Νίκος που αποτέλεσαν το κέντρο βάρους των δραστηριοτήτων του για τα επόμενα δύσκολα χρόνια. Οι πολιτικές εξελίξεις στον τόπο, οι δικοινοτικές συγκρούσεις σε συνδυασμό με τις αυξανόμενες οικονομικές ανάγκες για την ευημερία της οικογένειας του, έγιναν πηγή έμπνευσης και δημιουργικής προσπάθειας που εκφράζονταν με άρθρα και ποιήματα σε εφημερίδες και έντυπα της εποχής.

Στις δύσκολες αυτές στιγμές ο Χρυσόστομος Γιαννακού αντλούσε κουράγιο και δύναμη από την αγαπημένη του σύζυγο και τα παιδιά του, ενώ ταυτόχρονα τους στήριζε με τα σοφά του λόγια και τις δυνατές του πράξεις. Στην πορεία του χρόνου το καταλυτικό γεγονός του πραξικοπήματος και της τούρκικης εισβολής του 1974 με τα γεγονότα που ακολούθησαν, έστρεψαν την πέννα του να γράφει σχεδόν συνεχώς γι' αυτά τα θέματα, μέσα από τη δική του ιδιαίτερη αντίληψη για τις έννοιες του πόνου, της δικαιοσύνης, της συμπόνιας και της λύτρωσης.

Το παρόν ανθολόγιο είναι απλά ένα δείγμα της δουλειάς του.

ΧΑΡΑ ΚΑΙ ΔΑΚΡΥ

Το τραπέζι της λαμπρής

Το τραπέζι ειν' στρωμένο
και για σένα καρτερώ,
πρόσωπό μου αγαπημένο
μήνες τώρα σε προσμένω
κλαίω και μαυροφορώ.

Της λαμπρής μας το τραπέζι
είναι φέτος αδειανό
σε θυμάμαι και στενάζω
όλο κλαίω και πονώ.

Που να είναι το παιδί μας
ερωτάνε δυο καρδιές,
πως θα παίζει η καμπάνα
για τη μαυροφόρα μάνα
και να πουν -Χριστός Ανέστη-
οι θλιμμένες μας χορδές.

Που να είναι τα χαμένα
τα παιδιά μας τα γλυκά
ζούνε μήπως πικραμένα
και δεν βγάζουνε μιλιά
ή μην είναι ξαπλωμένα
μες της γης την αγκαλιά.

Ποιο πουλί να ερωτήσω
μες τους δρόμους μου γυρνώ
ποιο χώμα να φιλήσω
ποιο σταυρό να προσκυνήσω
και τη φλόγα μου να ζήσω
μες το δάκρυ το στερνό.

Αγία Πέμπτη 1974

Ο ΘΡΗΝΟΣ

Ο Πενταδάκτυλος θρηνεί
κλαίει ο Κουτσοβέντης
ο Ιλαρίονας πενθεί
ούτε κλαρί πια δεν ανθεί
στον Κόρνο στήσανε χορό
η ΧΟΥΝΤΑ ΚΙ Ο ΕΦΕΝΤΗΣ.

Τρώνε την σάρκα του λαού
σαν γύπες και κοράκια
αίμα και δάκρυ πίνοντες
που τρέχει στα ρυάκια.

Πάνω χαρά σαν κλεφτουριά
του ράντζου Αφεντάδες
που στην γιορτή σας σμίζανε
Χότζιηδες και Παπάδες.

Μα κάπου κάπου ακούεται
κατάρα μες την νύχτα
σαν βρυχηθμός και σαν κλαυθμός
δεν είναι όμως κτήνος
της αδελφής είν' ο δαρμός
της μάνας ειν' ο θρήνος.

08/08/1974
Λεμεσός

ΓΡΑΜΜΑ ΑΠΟ ΤΑ ΑΔΑΝΑ

Σε τούτη δω την φυλακή
στην χώρα των Αδάνων
χιλιάδες φθείρονται κορμιά
σαν την πικρή την καλαμιά
που σπάσανε οι ανέμοι
στα πόδια των Τυράννων.

Εδώ σε τούτο το κελί
σκυφτός και ματωμένος
αναπολώ ένα φιλί
πικρά φαρμακωμένος.

Παίρνω το δάκρυ το καυτό
-ΑΙΟΛΙΚΗ- πατρίδα
και πλέκω με τον πόνο μου
για σένα μια ελπίδα.

Εκεί στο ακρογιάλι σου
κλαίνε οι μαύρες μάνες
κι ακούονται τριγύρω σου
θλιμμένες οι καμπάνες.

Είναι Αγιά Παρασκευή
μην σκιάζεσαι τις μπόρες
κι αύριο γίνεται σεισμός
στον Γολγοθά σου ...χαλασμός
ο Λυτρωμός και η Λευτεριά
θα φέρει πάλι ζαστεριά
στην γη σου την Εάρινη
σ' όλες τις σκλάβες Χώρες.

18/09/1974

Ο ΧΑΜΟΣ ΤΟΥ ΠΑΤΕΡΑ

Ήταν ωραίο και γλυκό
το σπίτι μας θυμήσου
σαν εκκλησιά το στόλιζε
πατέρα η στοργή σου.

Σαν τα παντέρημα πουλιά
μας άφησες μες την φωλιά
πικρά να κελαηδούμε
και οι παιδικές μας οι ψυχές
μείναν για πάντα μοναχές
για σένα να θρηνούνε.

Ίσως μια μέρα ξαναρθείς
κοντά μας πάλι να βρεθείς
για να απλωθούν τα χάδια
τις φλόγες μας να σβήσουν
και στην γιορτή μας οι χαρές
πάλι να ξανανθίσουν.

25/09/1974

ΣΤΟΝ ΝΕΚΡΑΝΑΣΤΗΜΕΝΟ

Πρόεδρο Μακάριο

Γύρνα ξανά σαν χελιδόνι
να κτίσης πάλι την φωλιά σου.
Γύρνα ξανά σαν αηδόνι
ν' ακούσουν οι πονεμένοι την λαλιά σου.

Τ' αστροπελέκια πάψανε
να καίνε την χαρά μας
και τα πουλιά κρυφτήκανε
ζούνε μέσα στην καρδιά μας.

Γύρνα ξανά να δεις σταυρούς
και μάτια δακρυσμένα
θυσιαστήρια και βωμούς
δέντρα ξεριζωμένα.

Είναι το δάκρυ προσευχή
κι ένας ψαλμός ο πόνος
σκέπη θεού ο ουρανός
κανείς δεν είναι μόνος.

Σε καρτερούμε για να 'ρθεις
μέσα στην καταιγίδα
μαζί μας να προσευχηθείς
για την γλυκιά πατρίδα.

Αυτό το χώμα το πικρό
ποτίζει μαύρο δάκρυ
στον κόσμο τούτο το ΜΙΚΡΟ
Χαρά και Ειρήνη να 'ρθει.

28/10/1974

ΓΥΡΝΑ ΞΑΝΑ

Γύρνα ξανά σαν χελιδόνι
να κτήσεις στις ρημαγμένες στέγες την φωλιά σου
γύρνα ξανά σαν αηδόνι
ν' ακούσουνε οι πονεμένοι την λαλιά σου.

Οι γδούποι των τηλεβόλων κόπασαν
τ' αστροπελέκια πάψανε να κλαίνε την χαρά μας
τα τρομαγμένα τα πουλιά που δεν έχουνε πια λαλιά
κρυφθήκανε περίλυπα βαθιά μες την καρδιά μας.

Γύρνα ξανά να δεις σταυρούς
και κάποιον που κρεμάται επι ξύλου!
Την Παναγιά μάνα πως θρηνεί
Γιατί λόγχισαν την ψυχή της και πονεί
έλα να ακούσεις και να δεις
τα θαύματα του θρύλου.

Είναι το δάκρυ προσευχή
και ένας ψαλμός ο πόνος
σκέπη θεού ο ουρανός
κανείς δεν είναι μόνος.

28/10/1974

Η ΜΑΓΙΣΣΑ

Μέσα από την λίμνη των δακρύων μας
αντικρίζουμε το πρόσωπο της γης μας
καχεκτικό κι αδύνατο γεμάτο ρυτίδες.
Μισοκαμένο το κορμί της
και η ψυχή της μια θάλασσα από καταιγίδες.

Τα μαλλιά της δεν στεφανώνουν τα κόκκινα τριαντάφυλλα του Μάη
ούτε στις ποδιές της μοσχοβολούν τα γιασεμιά και οι κρίνοι.
Σε εκείνα τα κερασένια χείλη της δεν ανθεί πια το τραγούδι
και συντροφιά δεν έχει το χαμόγελο, κάθε χαρά της λείπει
ήπιαν τις δροσιές της οι οχιές κουρσέψανε τα νιάτα της τα κτήνη.

Σαν μια γριούλα μάγισσα
στους δρόμους περπατεί
και σαν βασίλισσα φτωχή
αγάπη διακονεί
το χέρι της απλώνοντας
... ΕΛΕΗΣΤΕ ΧΡΙΣΤΙΑΝΟΙ...

21/11/1974
Λεμεσός

Ο ΑΣΩΤΟΣ

Εσού που σκότωσες τον νιο
τζιαρφάνεψες την κόρην
σαν την κουφήν εχώστηκες
στους σπήλλιους τζιαι στα όρη.
Την μαύρη νύχτα έκαμες δικό σου πανωφόριν.
Σιήψε στην γην προσιήνα την
σαν Μάνα σου τζιαι φίλα την
πε της τζιήν τον καμό σου,
πως πήρες στράταν άσσιημην
τζιευρέθη ο χαμός σου.

Ήσουν λιοντάρι του βουνού
τζιαι αστραπή στους κάμπους
τα μάθκια σου εθολόσασιν
τζι' αδέρκια εσκοτώσασιν
σαν του οχτρού τ' ασκέριν.
Κλάψαν μανάες τζιαι παιθκιά
που το δικό σου σιέριν.

Μα τώρα που ξημέρωσεν
έλα στην εκκλησιά μας
με μιαν ψυσιήν γονατιστήν
π' αναπαμόν εν ν' αύρει
για να το πεις τζιαι του παπά
με θκιό μάθκια κλαμένα
-Σώσε τον κόσμο Δέσποτα
Συγχώρα μου τζιαι μένα.

06/12/1974

ΝΑ 'ΣΑΙ ΚΑΛΑ

Στον Αγνοούμενο

Κι αν χάθηκες στην άβυσσο
του κόσμου τη σκληρή
στον ουρανό κι αν πέταξες
σ' αστέρι μακρινό
ακόμα κι αν κοιμήθηκες
σε τόπο σκοτεινό
το δάκρυ μου τρισάγιο
θα στάζει απαλά
ΝΑ 'ΝΑΙ ΚΑΛΑ - ΝΑ 'ΣΑΙ ΚΑΛΑ

Κι αν πήγες και δεν γύρισες
να φέρεις την χαρά
κι αν ο χειμώνας σου έσπασε
στο δρόμο τα φτερά
εγώ είμαι η άνοιξη
και πέπλο θα φορώ
ώσπου ν' ανθήσει λεμονιά
ΕΚΕΙ ΘΑ ΚΑΡΤΕΡΩ...

Αργοπορείς και νύχτωσε
κουρνιάσαν τα πουλιά
ο ήλιος έχασε το φως
κλαίει κι αυτός σιωπηλά
ΝΑ 'ΣΑΙ ΚΑΛΑ - ΝΑ 'ΣΑΙ ΚΑΛΑ

10/12/1974

ΒΑΣΤΑ ΨΥΣΙΗ

Εσού που ξύπνησες εχτές
που τον βαθύ τον ύπνον
ενόμισες εν να βρεθείς
μες της χαράς το δείπνον.

Μα 'ρκει ο γάμος βάσταζε
να 'ρτουν οι καλεσμένοι
ποτζιή στον Πενταδάκτυλον
Τζιερίνα τζιαι Βαρώσι
του Μόρφου τζιαι την Λάπηθο
πον κροίσοι σκλαβωμένοι.

Βάστα ψυσιή που σιάσιαρες
νύφη να καλοκάτσεις
να σταματήσουν τα νερά
τζιαι τα πριτζιά σου τ' ακριβά
με νεπαμό να ράψεις.

Να 'ρτει η ώρα η καλή
ούλοι να καλεστούμεν
χαμέ να διπλοκάτσουμεν
να φάμε τζιαι να πιούμεν
ποτήρκα για να σπάσουμεν
σαν παίζει το βκιολίν
τζιαι η γη μας μονοκόμματη
ναν πράσινο χαλί.

09/01/1975

ΜΑΡΑΘΗΚΑΝ

Μαράθηκαν τα βότανα
τα κρίνα μες την γλάστρα
οι πόθοι κι οι φροντίδες μας
κρημνίσαν οι ... ελπίδες μας
και τ' ουρανού τα ...άστρα...

Μαράθηκαν τα λούλουδα
μέσα στην παγωνιά
και τα πουλιά χαθήκανε
γιατί στοργή δεν βρήκανε
μέσα στην ...βαρυχειμωνιά.

Μαράθηκαν γλαδίολοι
και βιόλες στην αυλή
οι πεταλούδες δεν πετούν
στα ρόδα στην αυγή
ούτε και ανταλλάσσουνε
μαζί τους πια φιλί...

Ειν' η ζωή μας θάλασσα
και 'μεις οι ναυαγοί
που στα λιμάνια της φθοράς
ζητούμε μήνυμα χαράς
σαν μαύροι πελαργοί...

16/01/1975

ΚΑΛΟΧΡΟΝΙΑ

Ανοίξανε οι κρουνοί του ουρανού
κι έρχεται ευλογία
στην γη μας την Εαρινή
στην γη μας την Αγία.

Εδάκρυσε και ο Θεός
στην γοερή κραυγή μας
κι έστειλε δρόσο μαγικό
να γιατρευτεί η πληγή μας.

Μ' αντί σιτάρι για ψωμί
τρώμε πικρά ...ραδίκια
γιατί τα όμορφα αγαθά
τα 'φάγαν τα σκουλήκια.

Στου μόχθου τα τραπέζια μας
στην γη μας το αλώνι
ήρθαν κοράκια νηστικά
και γίνανε αφεντικά
κανείς δεν τα μαλώνει.

31/01/1975

ΕΜΕΙΣ ΕΝ ΝΑ ΒΛΑΣΤΟΥΜΕΝ

Επόλλυνε το δάκρυ μας
τζιαι 'γίνη δοξαμένη
να πίνουσιν οι -τζιηνιοί-
οι εντόπιοι τζιαι οι ξένοι.

Ούλλοι καππαλιαστήκασιν
τζιαι κτίζουσιν αυλάτζια
για να γυρκάσουν το νερό
στους τζιήπους στα κονάτζια.

Για να ποτίσουν τους σκοπούς
τζι 'ούλλα τους τα μεράκια
κάτσαν τζιαι γλέπουν τις δισιές
στράτες τζιαι μονοπάθκια.

Ο ένας εν παλληκαράς
τζι' άλλοι πεχλιβάνια
τραβούν μας κολοσύρνουν μας
ούλλο τζιαι φοβερίζουν μας
τζιαι φκάλλουσιν ...φιρμάνια.

Μα εν τζιαι καταλάβουσιν
τζι' ούτε πολλά θωρούσιν
πως εν αλάρμη το νερό
τζιαι πάσιν να καούσιν.

Την ώρα που νομίζουσιν
πως πάμεν να θαυτούμεν
τζιήνοι να ξερανίσκουσιν
τζιαι 'μεις εν να βλαστούμεν.

31/01/1975

ΦΤΩΧΟΣ ΤΖΙΑΙ ΣΟΤΖΕΜΕΝΟΣ

Είσαι φτωχός τζιαι ζεις κρυφά
πίσω που το μαντάλι
τζιήντου σπιθκιού τ' ατέλλιωτου
πον σαν το μαύρο χάλι
τζιαι μοιάζει με τον άνδρωπον
που εν φορεί ...τσιαττάλι.

Έτσι εν η κοινωνία μας
άρρωστη γελασμένη
τζι' αν έσιη σιήλλιους θκιό γιατρούς
εν πάντα σοτζιεμένη.

Στηλλόνουντην που μια μερκάν
ζαόνει που την άλλην
σιήζει ποτζιή, σπάζει ποδά
ποττέ της εν εστέκετε
ίσια σαν το μανάλλι.

Οι ζόπποι γίνονται 'ξύπνοι
γιατί κρατούν ππαράες
τον κόσμο κουμαντάρουν τον
στον πόλεμο μουντάρουν τον
τζιαι σαν αρνί εσφάζουν τον
τζι' ούλλο τζιαι σουζουλούν τον.

Τάχατες τζιήνος εν Γιωρκής
τζιαι τούτος εν μεμμέτης
κάμνουσιν τον καφκάν σιηνίν
δίνουν τον τζιαι τραβούντον.

06/02/1975

ΤΟ ΤΡΑΠΕΖΙ

Το τραπέζι είναι στρωμένο
και σε καρτερώ
όνειρο αγαπημένο
μήνες τώρα σε προσμένω
και μαυροφορώ.

Το τραπέζι είναι στρωμένο
μα του λείπει κάποιο φως
ποιος να το 'σβησε ρωτάει ;
η μανούλα που πονάει
κι ο πατέρας ...ο φτωχός.

Η καρέκλα στο τραπέζι
είναι άδεια και αυτή
με τον ίσκιο σου μιλάει
το Θεό παρακαλάει.
Άρα θα 'ρθει ? Πότε θα 'ρθει
η γιορτή μου η μεγάλη
να 'βρω την χαρά μου πάλι
την μορφή την ...λατρευτή.

24/02/1975

ΕΝΑ ΧΑΜΟΓΕΛΟ

Στην Άγια Μάνα
στην αγαπημένη γυναίκα
στην γλυκιά αδελφή
τον αδελφό που θρηνεί αυτή την ώρα.
Σε τούτη εδώ την χώρα
ένα χαμόγελο δώστε.

Εσείς του κόσμου μυροφόρες
πόσες θα δείτε... μαυροφόρες
κι όμως η Άγια σας ψυχή
φτερούγισε μες την βροχή
να φέρει τον χαιρετισμό
απ' τις πολλές τις μακρινές
τις όμορφες σας χώρες.

Αγάπης Ευαγγελίστρια
του πόνου μας αστέρια
εσείς που ξενυχτήσατε
στο χώμα που καθίσατε
ψηλά μας εσηκώσατε
στα άγια σας τα χέρια.

Χάντρες είναι το δάκρυ μας
κοχύλια οι πληγές μας
θάλασσα η αγάπη μας
για να σας νανουρίζει
και οι ευχές μας ο Σταυρός
στα ξένα και στα πέρατα
την γη μας να θυμίζει.

Αυτό είναι το φυλακτό
το όμορφο μπουκέτο
που παίρνετε σιωπηλά
ΝΑ 'ΣΤΕ ΚΑΛΑ - ΝΑ 'ΣΤΕ ΚΑΛΑ

22/04/1975

ΜΗΝ ΚΛΑΙΣ

Μην κλαις μανούλα το παιδί
κείνο Τ' ΑΝΤΡΙΩΜΕΝΟ
και κράτησε τον πόνο σου
βαθιά φυλακισμένο.

Μες την δική μας την ψυχή
είναι ο Αγιασμένος
πολέμησε και έπεσε
γιατί ήταν προδομένος.

Θα μείνει μες την σκέψη μας
περήφανος και νέος
ο ήλιος μας ο φωτεινός
της λευτεριάς Αυγερινός
γενναίος και ωραίος.

Μάνα για σένα και για μας
ο γιος σου εν δοξασμένος
στην εκκλησιά πολύ ψηλά
μας βλέπει και χαμογελά
φωτοστεφανωμένος.

Το κρίμα δεν είναι κρασί
να πίνουν συνωμότες
είναι κατάρα και φωτιά
να κάψει τους προδότες

25/04/1975
Λεμεσός

ΕΛΑ ΜΕΜΜΕΤΗ ΕΣΣΩ ΣΟΥ

Το τραγούδι του Γιακουμή που την
Ακανθού, εκτοπισμένοιω εις Μαλιάν

Έλα Μεμμέτη στην Μαλλιάν
τζιαι κλάδεψε τ' αμπέλια
πέρκει ανθίσει τζ' η μηλιά
τζιαι ζωντανέψουν τα παλληά
τζιαι το κρασί στο σπίτι σου
να το 'σιης με βαρέλια.

Εφκάλασιν τες ρίζες σου
κλαδέψαν τα κλωνιά σου
για να σε δέρνει ο βορκάς
τζι' ο άνεμος της μεσαρκάς
μες τον σιημώνα της Τουρτσιάς
να κρούζει η καρκιά σου.

Έλα Μεμμέτη έσσω σου
τζιαι 'γιώνι καρτερώ σε
την γη σου που μου δώκασι
για να την πάρεις πίσω
τζι' ότι μας εχαλάσασιν
εσού τζιαι γιώ να κτίσω.

Το δάκρυ τζιαι το γαίμα μας
εγίνη δοξαμένη
εκόψασιν το κλίμα μας
τζι' ας έχουσιν το κρίμα μας
τζινοι που μας χωρίσασιν
τζιαι ξίνουν μας οι ανέμοι.

Έλα Μεμμέτη έσσω σου
φέρε τζιαι τον Οσμάνη
για να σας πώ Χος-Κελτινίζ
τζι' ας μείνει πίσω ο Ντενήζ
π' όσιη ππασιά φιρμάνι.

Έλα να δείς τον τόπο σου
που γίνηκε χωρκό μου
πάρε πίσω τον κόπο σου
τζιαι δώσμου τον δικό μου.

Έλα με τζιήνα τα φτερά
του μόχτου σου το χάκκιν
να βρεις εσούνι την χαρά
τζιαι 'γιώνι το ραχάττιν.

ΕΛΑ ΝΑ ΚΛΑΨΟΥΜΕ

Έλα να κλάψουμε τζι' οι δκιο
Μεμμέτη της χαράς μας
στα πάθη μας πουκατοθκιό
που σπάσαν τα φτερά μας.

Έλα να δεις το σπίτι σου
που γίνηκε δικό μου
πάρε πίσω τον κόπο σου
τζιαι δώσμου τον δικό μου.

Έθελα να 'σουν Γιακουμής
τζιαι 'γιώ να 'μαι Μεμμέτης
για να μας κρίνει ένας θεός
πον δίκαιος τζιαι φέτης.

Μέσα στον κόσμο δκιάλεξε
τζι' ηύρε το μονοπάτι
τζιείνο το μίσος πέταξε
γιατί ήτανε απάτη.

Είμαστε δίπλαροι τζι' οι δκιό
στην μοίρα μας πουκατοθκιό
ένας πονεί τζι' άλλος θρηνεί
την άνοιξη σαν χάσει
αδέρκια να σιερούμαστιν
την όμορφη την πλάση.

02/01/1977

ΤΑ ΔΕΚΑ-ΟΚΤΩ ΣΟΥ ΧΡΟΝΙΑ

Αφιερωμένο στον μαθητή
Πανίκκον Δημητρίου στο
κατώφλι της Λευτεριάς

Τους δρόμους μας εφώτιζες
και σ' είχαμεν καμάρι
αντρειωμένο μας παιδί
καλό μας παλληκάρι.
Μα γνώρισα την όψη σου
που μέτραε την γη
και κλέψανε τα χρόνια σου
εσβήσανε το φως σου
που 'ταν για μας πυρσός χαράς
και λευτεριάς ΠΗΓΗ.

Σκοτώσανε τα νιάτα σου
π' ανάθεμα σε κείνους
μου 'παν πως ήταν φίλοι μας
φρουροί της λευτεριάς μας
και κάψαν τις ελπίδες μας
θάψανε την χαρά μας.
Και στην γιορτή μας δώσανε
το κίτρινο μπουκέτο
φτιαγμένο με τα δάκρυα
δεμένο με τους θρήνους.

Μα αν σκέπασαν τον ήλιο μας
τα νέφη και τα χιόνια
θα είναι όρκος λευτεριάς
τα δέκα-οκτώ σου χρόνια.

28/01/1977

ΜΟΝΟ -ΕΣΥ-

Το μπουκέτο της αγάπης μου

Μόνο εσύ με 'χεις νοιώσει
και δεν με έχεις πληγώσει
μες την θλίψη την τόση
την χαρά μου έχεις δώσει.

Νοιώθω πάντα κοντά σου
σαν στα ξένα γυρνώ
με σκεπάζουν τα άσπρα φτερά σου
κι ονειρεύομαι στην ποδιά σου
σαν χάδια και φιλιά σε κερνώ.

Κάλπικους φίλους και συγγενείς
δεν πρέπει να 'χω θαρρώ
γιατί στην πίκρα την τόση
που η ζωή μου 'χει δώσει
μόνο εσύ με 'χεις νοιώσει
κι όχι άλλος κανείς.

Σου αξίζει της χαράς μου το δάκρυ
και μια αγάπη παντοτινή
στης γνώσης μου τα πλάτη και μάκρη
θα 'σαι η πρώτη και η στερνή.

Είναι η σκέψη σου τροφή μου
και η αγάπη σου το κρασί
τα παιδιά μας η εκκλησιά μας
κ' ιεροψάλτης -ΜΟΝΟ ΕΣΥ-

10/03/1977
Βαγδάτη

ΓΕΙΑ ΤΖΙΑΙ ΧΑΡΑ ΣΑΣ

Στους αγαπητούς μου συναδέλφους

Σας αφήννω γεια αδέρκια μου
τζιαι φίλοι μου μεγάλοι
τζιαι τον θεό παρακαλώ
να μεν σας λείπει το καλό
κάπου στον κόσμο τον πεζό
ώσπου εγιώνι εν να ζιώ
εν να βρεθούμεν πάλι.

Μακάρι ναν οι στράτες σας
τριαντάφυλλα στρωμένες
τζιαι πλήξες να μεν έσιετε
ούτε ππαράν να ... τρέσιετε
το σπίτι σας τζιαι οι καρκές
χαρά ναν φορτωμένες.

Μακάρι μέσα στον ντουνιά
αγάπη να βλαστήσει
να κάτσουν φίλοι τζιαι οχτροί
στο ίδιο τραπέζι
την έχτρα να τσακίσουσιν
χαμαί να την πατήσουσιν
τζιαι το φκιολίν να παίζει.

Τζιαι μια ευτζιή να ακουστεί
που του θεού το στόμαν
πως μια πατρίδα γίνιτζεν
ούλλης της γης το χώμα.

20/03/1977

ΑΣ ΗΜΟΥΝΑ 'ΑΓΑΠΗ ΜΟΥ'

Ύμνος στην Αγάπη

Ας ήμουνα σκιά σου όπου να 'σαι
η σκέπη σου μες την βροχή
του Μάη το αγέρι να θυμάσαι
πως παίζαμε μαζί στην εξοχή.

Ας ήμουνα το φως και ο αγέρας
για να σε βλέπω στην αυγή, τα δειλινά
στα δυο σου χείλη να ήμουνα 'Αιθέρας'
για να σ' αγγίζω να ξυπνάς τα πρωινά...

Ας ήμουνα πλεξούδα στα μαλλιά σου
στο στήθος σου λουλούδι μαγικό
κι όνειρο μες την αγκαλιά σου
στην σκέψη σου πουλί εξωτικό...

Ας ήμουνα κοχύλι στο λαιμό σου,
ζώνη ας ήμουνα στη μέση σου χρυσή
στο πλάι σου ποτήρι ασημένιο
να πίνεις της αγάπης το κρασί...

Γι' αυτούς που Αγαπάνε
20/05/1977
Βαγδάτη

ΠΕΣ ΜΟΥ ΓΙΑΤΙ

Είναι ο κόσμος θάλασσα μεγάλη
γεμάτη τρικυμίες και καημούς
χιλιάδες καρτερούνε στ' ακρογιάλι
γι' αγάπη από τόπους μακρινούς.

Έχει καράβια σάπια μα κι ωραία
φάρους στις προκυμαίες, πελαργούς
αχώριστη που κάνουνε παρέα
μην κι έχει τρικυμία ναυαγούς!

Χαρές και λύπες σπέρνουν τα 'ρημάδια'!
Στο κύμα να βλαστήσουνε 'Λεφτά'!
Κάνουν πικρές τις μέρες και τα βράδια,
και δάκρυα σκορπίζουνε ..καυτά..

Γιατί να ζούμε χωρισμένοι
στου κόσμου την απέραντη χαρά
και να 'ναι η καρδιά μας πληγωμένη
σαν περιστέρα με σπασμένα τα φτερά.

Γιατί στο κύμα να προσμένεις
το αγέρι και τους γλάρους να ρωτάς
πότε θα φτάσει κείνος π' αναμένεις
και που στα χέρια σου τον πόνο του κρατάς...

21/05/1977
Βαγδάτη

ΠΑΡΑΚΑΛΩ - ΠΑΡΑΚΑΛΩ

Αγνός Έρωτας

Σαν γλάρος στ' ακρογιάλι αναμένω
από τα ξένα για να φθάσει μια χαρά
το πλοίο να σε φέρει περιμένω
ή στο αγέρι στης αγάπης τα φτερά...

Όλο το κύμα ερωτάω
κ' είναι το βλέμμα μου θολό
στα χέρια μου τον πόνο μου κρατάω..
μήπως με περνάτε τρελό παρακαλώ;

Μεγάλος ουρανός ο έρωτάς μου
που αγκαλιάζει όλη τη γη
και 'συ το πιο όμορφο λουλούδι
της άνοιξης γλυκό τραγούδι
τ' άστρο μου που φέγγει την αυγή.

Ρωτώ ακόμα τους ανέμους
και όμορφες στιγμές αναπολώ
ανάμεσα σε τόσους πονεμένους
μα δεν είμαι τρελός παρακαλώ-παρακαλώ...

30/05/1977
Βαγδάτη

ΚΥΚΛΑΜΙΝΟ ΜΟΥ

Το τραγούδι του ξενιτεμένου

Σαν νέφος που σαλπάρει μες το αγιάζι
στου δειλινού την χρυσοκόκκινη φωτιά,
έτσι και η σκέψη μου απλώθει
σε αγκαλιάζει και σου χαϊδεύει τα μαλλιά στην ρεματιά...

Κυκλάμινο γλυκό μου κι ανεμώνη
που 'χεις συντροφιά το λογισμό
το ξέρω πως στην πλάση είσαι μόνη
και μιας αγάπης καρτεράς τον γυρισμό...

Σε βλέπω που ανθίζεις μες την νύχτα
και δίπλα δυο πουλιά σου κελαηδούν
χτένισε τα μαλλιά σου, πίσω ρίχτα
κι ήρθαν οι λογισμοί μου να σε δουν...

Τ' ονείρου λουλούδι μυρωμένο
κι εγώ στη σκέψη μες τον πόθο σου -ΑΘΙΩ-
πως να σε σφίξω αναμένω,
ανθόνερο στη δίψα μου να πιώ...

22/06/1977
Βαγδάτη

ΚΑΡΤΕΡΩ - ΚΑΡΤΕΡΩ

Μέρες και νύχτες καρτερούσα
στα ξένα και στην ερημιά
κι όλο τ' αγέρι και τα σύννεφα ρωτούσα
γιατί είχανε μαζί μου, γνωριμιά.

Μου λέγανε θα ξημερώσει
κάποιο πρωί για να χαρώ
κι αν είν' η νύχτα κι άλλη τόση
μοιάζει με σένανε θαρρώ...

(ΡΕΦΡΕΝ)
Πού κρύβει όνειρα κι ελπίδες
και γαληνεύει καταιγίδες
χίλιες φορές κι αν είπα δεν μπορώ...
Στης μοίρας το κατώφλι περιμένω
και καρτερώ και καρτερώ και... καρτερώ...

Σαν όμορφο φεγγάρι που φωτίζει
στα ξένα και στα μακρινά
τους δρόμους του διαβάτη που ορίζει
μη και γλιστρήσει και χαθεί στα σκοτεινά...

09/07/1977
Βαγδάτη

ΔΑΝΕΙΣΕ ΜΟΥ ΤΗΝ ΚΑΡΔΙΑ ΣΟΥ

Γι' αυτούς που καρτερούνε

Μες τον κήπο των ονείρων
έπεσε ένας κεραυνός,
θρήνος γίναν τα τραγούδια
μαραθήκαν τα λουλούδια
κι έμεινε μία κουκουβάγια
μες των πόθων μας... τα 'βάγια!
Και στην κρίση των Ηπείρων
παραμένει ο γυρισμός...

Δάνεισέ μου την καρδιά σου
εσύ διαβάτη που περνάς
τη μηδαμινή χαρά σου,
Που 'χεις δάκρυ και κερνάς

Να μετρήσω τα κομμάτια
και τους τόσους καημούς
στα πολλά σου μονοπάτια
να φυτέψω στοχασμούς.

Να τα πάρω ένα ένα
για να χτίσω εκκλησιά!
Κι ο Χριστός μαζί με μένα
που 'χει Αγγέλου την θωριά
θα χτυπήσει τη καμπάνα
που θα φέρει... Λευτεριά!

07/11/1977
Βαγδάτη

ΠΟΥ ΝΑ 'ΣΑΙ...

Στον αδικοχαμένο

Που να 'σαι 'αγνοούμενε'
φίλε και αδελφέ μου.
Που να 'σαι φίλε μου καλέ
γλυκέ Βασιλικέ μου.

Αγέρι θέλω να γενώ
να 'ρθώ για να σ' αγγίζω.
Νέφος να μπω στη φυλακή
το δρόμο να σου δείξω.

Να 'ρθείς να δεις τη Μάνα σου
τη χιλιοπικραμένη,
που στο κατώφλι κάθεται
και εσένανε προσμένει...

Κάνε το δάκρυ σου βροχή
στείλε το στην αυλή σου,
κάθε σταγόνα και φιλί
να 'ναι για την καλή σου.

Μα αν βρίσκεσαι στα σκοτεινά
και δεν λαλούν τα χείλη
στείλε μου σήματα στερνά
ν' ανάψω το καντήλι.

08/11/1977
Βαγδάτη

ΝΑ ΣΑΣ ΧΑΡΩ

Στους αγαπημένους

Μες της ζωής το πανηγύρι
βγήκα να σύρω το χορό,
γιατί έχουνε τα όνειρα χατίρι
και δεν θα πω πως δεν μπορώ...

Κάποιος κρατάει το μαντήλι
κι άλλος παίζει μουσική!
Στον βράχο της ζωής σαν το κογχύλι
ακούω μελωδία μαγική...

Οι μοίρες κάνουνε καντάδα,
η Σωφροσύνη ελιγμούς.
Ο νους κρατάει την κιθάρα
και η αφροσύνη καταγράφει καημούς...

Μα εγώ λυγίζω σαν το δέντρο,
και καλαμιά στην ερημιά.
Φως έχω στης αγάπης μου το κέντρο
που δεν φοβάμαι κι αν χαθώ στη σκοτεινιά...

Θα συνεχίσω τον χορό μου
ώσπου να φτάσει το πρωί,
για να πετύχω το σκοπό μου
της μοίρας μου να αλλάξω τη ροή...

Να πω στον κόσμο... Καλημέρα!
το 'Χαίρε' σε όσους Αγαπώ
να 'ναι η χαρά μου περιστέρα
και 'σεις πουλιά μου να θαρρώ.
Ένα τραγούδι να μου πείτε,
να σας χαρώ, ΝΑ ΣΑΣ ΧΑΡΩ...

21/11/1977
Βαγδάτη

ΡΙΞΕ ΕΝΑ ΣΠΙΡΤΟ

Δίκιο μου

Ρίξε ένα σπίρτο στην καρδιά μου,
που 'ναι μια βόμβα 'νετρονίου τρομερή!'
να κάψει όσους καίνε τα όνειρά μου
κρίση να κάνει στους ανθρώπους φοβερή.

Ρίξε ένα σπίρτο και μια φλόγα
στους πύργους τα παλάτια τα ψηλά,
τους οδοιπόρους της Ειρήνης τώρα εύλογα
που ζουν στα σκοτεινά στα χαμηλά.

Που να 'σαι δίκιο μου κρυμμένο
που να 'σαι πληγωμένη μου χαρά!
Ελάφι μου μικρό κατατρεγμένο,
που τα θεριά σου έχουν σπάσει τα φτερά.

Γύρνα και πάλι σε προσμένω,
στης μοίρας το κατώφλι καρτερώ
το αίμα σου να φέρεις αναμένω
για να το σμίζω μ' ένα δάκρυ καυτερό...

Να γίνει της αγάπης μου το ΝΑΜΑ,
βοτάνι να γιατρεύει καημούς.
Να μη ζει ο κόσμος μες το κλάμα
και να 'χει συντροφιά τους στεναγμούς.

23/11/1977
Βαγδάτη

ΞΥΠΝΑ ΧΑΡΑ ΜΟΥ

Για τους ξενιτεμένους

Μες τον κόσμο θαρρώ
οι χαρές μας πως κλαίνε!
Μες τον μαύρο καιρό
ένα σέρνουν χορό!
Και σε μοίρα πικρή,
με παράπονο λένε.

Γιατί να 'μαι φτωχή
και να ζω μοναχή
μες της πλάσης τα πλάτη και μάκρη
ναν ο κόσμος 'ΜΙΚΡΟΣ'!
σκυθρωπός και κακός,
και περνάει σε μένανε δάκρυ.

Ξύπνα, ξύπνα χαρά μου
κι 'ναι τώρα Αυγή!
Τα φτερά σου να φορέσεις
γιατί πια δεν θα πονέσεις
και αντάμα με τον ήλιο
του δικείου το βασίλειο
να γιατρέψεις των ανθρώπων την πληγή

Ξύπνα, ξύπνα χαρά μου
τώρα δεν είσαι πια μοναχή
να μετράς τα όνειρά μου
της καρδιάς μου τους χτύπους
και του τρόμου τους ήχους
σαν πουλί πληγωμένο στη βροχή.

24/11/1977
Βαγδάτη

ΩΡΕΣ ΑΝΑΜΟΝΗΣ

Στη δικαιοσύνη

Στων αμαρτιών μου τους ίσκιους
τρεμοσβήνουν οι υπέρτατες στιγμές
της προσμονής και της Αγάπης
ενώ οι χορδές της καρδιάς μουγκαίνουν
γιατί αργοπορούν να υποδεχθούν την ΕΙΡΗΝΗ.

Το Άγιο μαντήλι της ζωής
έχει βραχεί από τα δάκρυά μου
πασκίζω να βρω τόπο ΙΕΡΟΝ
να το απλώσω να στεγνώσει
χωρίς να μου το κλέψουν οι Ιούδες.

Μόνο στης χάρης και της αγιοσύνης σου
τους παναχράντους πλοκάμους
μπορώ να το εμπιστευθώ
γιατί το πανάγαθο βλέμμα σου
αφοπλίζει την κακία! Θείε εσταυρωμένε.

Σαν νυχτερινή ομίχλη και παγετός
στάζει επι της ψυχής μου,
η πίκρα του αδυσώπητου χρόνου
και στων ελπίδων μου την κοιλάδα
αναμένω τον ερχομό σου ΔΙΚΑΙΟΣΥΝΗ!

Της ψυχής μου τα πέταλα
εκτείνονται εις ανάσταση
για να αναπνεύσω το κουράγιο της γνώσης
τα δε χέρια μου γεμίζουν αγκάθια
στην αναζήτηση λουλουδιών
για να σου πλέξω στέφανα.

12/12/1977
Βαγδάτη

ΧΑΙΡΕ ΠΑΤΡΙΔΑ - ΣΚΛΑΒΑ ΓΗΣ

Στην πλημμύρα των παθών μας
δαρμένοι απ' τους τυφώνες της μοίρας,
σε κοιτούμε με αγάπη εσταυρωμένη ΠΑΤΡΙΔΑ

Στης αγιοσύνης σου τις ιριδόχρωμες ανταύγειες
πλανώνται σιωπηλά τα όνειρά μας!
Ενώ φίδια φαρμακερά περισφίγγουν τον σταυρό σου
που σε κρατάει ψηλά για να σε βλέπει η Οικουμένη!

Της ακολασίας τα θεριά μας διαφεντεύουν
στραγγίζοντας το δάκρυ μας
στις φάμπρικες της παρανομίας.

Θρήνος γίνεται το κλάμα μας
και το δάκρυ Αγιασμός
για να ποτίζει τα κυκλάμινα και τις ανεμόνες
που βλαστούν στον γολγοθά σου.

Χαίρε πατρίδα Αγαπημένη
που θεμελίωσες τον Λόγο
του Λυτρωμού στο πνεύμα μας
και την καρτερία στην ψυχή μας
για να πιστεύουμε στην ΑΝΑΣΤΑΣΗ ΣΟΥ!

12/12/1977

ΠΑΤΡΙΔΑ ΑΝΘΡΩΠΩΝ

Γι' αυτούς που αναμένουν

Άπλωσε τα χέρια της θέλησης
και της ανεξίκακης Αγάπης
για να σφίζεις τα δικά μου
ταλαίπωρε αδελφέ μου...

Και απ' της οδύνης και του πόνου
τους ροζιάρικους κρίκους
ας πιαστούν οι προσδοκίες μας
για να ακουστεί κάτω από τις ουράνιες γιρλάντες
η μελωδία των ψυχών μας...

Έλα να κτίσουμε μαζί
την Εαρινή Πατρίδα των ανθρώπων
να εξημερώσουμε θεριά
που τρέφονται με αίμα
και πετεινά που πίνουν Άγιο δάκρυ.

Έλα να κρημνίσουμε μαζί
τις φάμπρικες του θανάτου
στης φυλακής τα κελιά να σπάσουμε τον Ήλιο
και με το τραγούδι της φτερωτής χαράς
να οικοδομήσουμε τον Ναό της Σωφροσύνης

Στης αναμονής τις κοιλάδες
δεν μαραίνονται τα λουλούδια
γιατί τα θερμαίνει η ελπίδα της πρωίας
τα γαλουχεί και τα ανασταίνει
η αύρα της Αγάπης και της Ευλογίας του κόσμου.

14/12/1977
Βαγδάτη

ΑΣ ΗΤΑΝ

Απόψε σε θυμήθηκα
και ούτε στιγμή κοιμήθηκα
γλυκό μου περιστέρι.
Στ' όνειρο μου για να σε δω
μονάκριβό μου ταίρι.

Ας ήταν να σε αντίκρυζα
πουλί μου πικραμένο.
Με δάκρυ να σε πότιζα
λουλούδι μου θλιμμένο.

Για να μου πουν τα μάτια σου,
τα παραπονεμένα
πόσο γλυκά ειν' τα χείλη σου
πόσο πικρά... τα ξένα...

Ας ήταν νέφος να γενώ
κι αγέρι να φυσήξω
τα χείλη σου και τα μαλλιά
χρυσή μου να τ' αγγίζω.

Είναι η ερημιά, η ξενιτιά
γεμάτη καταιγίδες
και περιβόλι η θύμηση
που παίζουν οι Ελπίδες.

Νούφαρα είν' τα όνειρα
και η σκέψη ανεμώνη
να μας κρατούνε συντροφιά
που πάντα ζούμε μόνοι...

Βάστα ψυχή μου μη θρηνείς,
καρδιά μου μη ματώσεις
την άνοιξη με τα πουλιά
σαν εκείνα τα χρόνια τα παλιά
πάλι για να ανταμώσεις.

Ας ήταν να 'μουν πελαργός
στου ονείρου το καράβι
εσύ καπετάνιος και οδηγός
το δρόμο να μου δείχνεις
της γνώσης τα γαρούφαλα
στα πόδια μου να ρίχνεις.

Στα σκοτεινά θα καρτερώ
ώσπου να φτάσει Μέρα
για να χαρείς και να χαρώ
να 'χει αλλάξει ... Σφαίρα.

15/03/1977

ΣΤΗ ΘΕΟΤΗΤΑ ΜΟΥ

Τ' αστέρια αγναντεύω
την νύχτα για να αντικρύσω
το κάλλος σου
και να μπορέσω να φυτέψω
στην ψυχή μου
τα λουλούδια της Αγάπης.

Ένας αντίλαλος αντηχεί σαν Εγερτήριο
για τις νυσταγμένες ψυχές των ανθρώπων
που δισταχτικά και τρομαγμένα
οδεύουν τους δρόμους του αδυσώπητου θανάτου.

Τρισάγιος είναι ο Λόγος
και ιερός ο σκοπός της σάλπιγγας
που αγγίζει με άπειρη στοργή
τις μουγκές χορδές της 'Χίμαιρας'
για να ακουστεί η ωδή της Ειρήνης.

Από τις ψηλές κορφές της νοσταλγίας μας,
ατενίζομε την ομορφιά των Ονείρων!
Και οι οραματισμοί μας γίνονται μόχθος και ψαλμωδία
μπροστά στο κάλλος της θλιμμένης θεότητας
που μας καλεί κάτω από την σκέπη της,
να προσέλθουμε, όχι απλώς μετά φόβου
αλλά μετά Πίστεως και Αγάπης...

23/03/1978
Βαγδάτη

ΣΤΟΝ ΈΡΩΤΑ

Έρωτα ακαταμάχητε,
εσύ που ξενυχτίζεις
στου κοριτσιού τα μάγουλα
και μες του νιού το λογισμό
-καλύβια, κάστρα... κτίζεις...

Διαβαίνεις δρόμους και βουνά
και θάλασσες ακόμα!
Δεν σκέφτεσαι για τα στερνά
και ούτε κουρνιάζεις πουθενά,
πυρσούς έχεις τα όνειρα
και στρώμα σου το χώμα!

Είσαι κομμάτι του Θεού
και μόριο του κόσμου,
της παρθενιάς το καύχημα
το γιάτρεμα του ... Δυόσμου.

Σαν Δρυς και Πλάτανος και Κέδρος
με τους ανέμους πολεμάς,
τα χιόνια και τις θύελλες ντροπιάζεις
σαν Σίσυφος και σαν Χριστός
ακόμα μοιάζεις...
με πίστη και αγάπη εξορμάς.

08/04/1978

ΚΑΛΟΣΥΝΗ

Χάρης εσένα βρέχει ο ουρανός
γιορτάζει η γη στο πέραμά σου
ο κόσμος σε αναζητεί
σ' όποια χαλάσματα βρεθεί.

Είν' η λαλιά σου βάλσαμο
τα λόγια σου τραγούδι
ένας Θεός στο πλάι σου
στολίζει την θωριά σου
κι όποιος σε χάνει
χάνεται για 'σέναναι, στοχάσου.

08/04/1978

Ο ΛΟΓΙΣΜΟΣ

Βαριά στην σκέψη άπλωσε
το νέφος του βοριά
και το φεγγάρι κρύφτηκε
ψηλά πολύ τραβήχτηκε
προσμένοντας το όνειρο
μιας νύχτας ΞΑΣΤΕΡΙΑ.

Χέρι με χέρι περπατούν
ο λογισμός και η σκέψη
κι έχουν το δάκρυ συντροφιά
που στάζει απ' την συννεφιά
των συμφορών μας την πληγή
δεν θέλει να στερέψει.

Γύρισε πίσω λογισμέ
τον δρόμο να σου δείξω
για να ξαναβρείς την χαρά
που 'χει σπασμένα τα φτερά
και με ροδόσταγμα γλυκό
τα πάθη σου να νίψω.

ΣΕ ΚΑΡΤΕΡΩ ΑΓΑΠΗΜΕΝΕ

Γι' αυτόν που γεννιέται κάθε
χρόνο στις 25 Δεκεμβρίου

Ήμουνα τότε ... μελχιώρ,
και ήρθα να σε ανταμώσω
σαν κατέβαινες απ' του ουρανού
τα φωτεινά μονοπάτια.
Σαν Θεός να γεννηθείς,
από θνητή ευλογημένη Μάνα.

Εγώ είδα τ' αγγελικό σου πρόσωπο
να κλαίει στο σκοτεινό σπήλαιο
και την καρδιά σου να φτερουγίζει
σαν περιστέρι στους πλοκάμους
της χειμωνιάτικης Νύχτας.

Σου χάιδεψα τα μαλλιά
γλυκέ μου αγαπημένε,
και κατάπια το τελευταίο μου δάκρυ
μέσα στους μελωδικούς ήχους
μιας Ουράνιας κιθάρας.

Γνώριζα τους δρόμους σου
και σ' ακολουθούσα,
ως την ώρα που παρέδωσες
το Άγιο πνεύμα σου
στην αγκαλιά του ουρανού
και στον θρήνο της Νύχτας.

Άκουσα την φωνή σου
που με αποκαλούσε Ιωάννη
και Πέτρο και Βαραββά
κι αναθάρρεψα από το μεγαλείο
της πονεμένης ψυχής σου
Μεγάλε μου... Αγαπημένε.

Ο ιδρώτας και το δάκρυ σου
πότιζε την πικραμένη γη
για να φουντώσει το δέντρο
της Ουράνιας αγάπης σου,
που 'χεις φυτέψει για μένα
και γι' αυτούς που σου κέντησαν την πλευρά.

Για να κάθομαι στις φυλλωσιές του
γράφοντας στοίχους και τραγούδια
που πρώτος εσύ έχεις γράψει.
Να φτερουγίζω στην ομίχλη
των λογισμών μου και να καρτερώ
τον γυρισμό σου γλυκέ μου Αγαπημένε.

Στο σπήλαιο της σκοτεινής ψυχής μου
αναμένω να γεννηθείς ξανά
για να γίνει φως το σκοτάδι,
ο πόνος σου και ο πόνος μου τραγούδι
μέσα στου κόσμου την ανείπωτη θλίψη,
ΣΕ ΚΑΡΤΕΡΩ ΑΓΑΠΗΜΕΝΕ...

ΑΝΑΠΟΛΗΣΗ

Σε είδα ψυχή την ώρα που γεννιόσουνα,
κι ήσουνα τόσο όμορφη, σαν το φεγγάρι!
ντυμένο στο χρυσοΰφαντο πέπλο της αυγής
Μου 'πες καλημέρα αδελφέ μου
κι εγώ έσκυψα και φίλησα
τα αέρινα μάγουλά σου.

Μου 'πες πως θέλεις ζεστασιά
και σου άνοιξα την πόρτα της καρδιάς μου
για να κουρνιάσεις σαν περιστέρι!
Μα και η ζωή μου φωτίστηκε
σαν να πυρώθηκε, απ' το δικό σου το χέρι.

Έκτοτε βλαστούνε εκεί κυκλάμινα,
κρίνα και ανεμώνες που θάλλουν,
νούφαρα και μενεξεδιές
να σου κρατάνε συντροφιά
την ώρα που κελαηδάς
κάποιο θλιμμένο ή χαρούμενο τραγούδι.

Σε βλέπω συχνά να κάθεσαι,
στις όχθες μίας λίμνης
που μοιάζει με των προσδοκιών μου το πέλαγος!
Κουβεντιάζοντας με τα κύματα των λογισμών μου,
αγναντεύοντας για κάποιο φως...
στους πλοκάμους της νύχτας.

Εκεί αναμένεις την αυγή
μαζί με χιλιάδες ψυχές
που νοσταλγούν το φως
και το Τρισάγιο δάκρυ τους γίνεται Προσευχή
για την Αγάπη και την Ειρήνη του Κόσμου.

ΑΝΟΙΞΕ ΓΗΣ

Άνοιξε γης την πόρτα σου
την τριπλοκλειδωμένη
και άναψε τα φώτα σου
που 'ταν κλειστά φυλακιστά
μες την καρδιά σου τη πικρή
τη χιλιοπληγωμένη.

Άνοιξε γης το στόμα σου
να τρέξουνε ποτάμια
μη κρύβεις πια στο χώμα σου
και πίσω απ' τες πληγές σου
τις συμφορές, τα δάκρυα
της νιότης τα πλοκάμια.

Να τρέξει ένας ποταμός,
τα πάθη σου να νίψει
τον φασισμό με τ' άρματα
κι όλα του τα καθάρματα
μέσα στα βάθη του γιαλού
για πάντα να τα ρίξει.
Άνοιξε γης τα χείλη σου
τα χιλιοπικραμένα
και δώσε πίσω τα παιδιά
τ' αδικοσκοτωμένα.

ΣΟΥ ΕΙΠΑ

Προσφυγικοί καημοί.
Στους εγκλωβισμένους μας
και την φυλακισμένη γη μας

Σε είδα να δακρύζεις προτού φύγω
σου χάιδεφα με πόνο τα μαλλιά
και σου 'πα πως θα γύριζα σε λίγο
μα όνειρο, έμειναν τα παλιά.

Μονάχη σου γυρνάς μες τα λαγκάδια,
τις ανεμώνες ερωτάς στη χειμωνιά
πότε θα γίνει ζαστεριά μέσα στην νύκτα,
πότε θα ανθίσουνε ξανά τα γιασεμιά.

Σου είπα πως θα γύριζα σε λίγο
μα έσβησε ο ήλιος ξαφνικά
κι έμεινε ο πόθος στην καρδιά μου
να μου θυμίζει όνειρα γλυκά.

Η ΛΑΜΠΑΔΑ

Στη ψυχή της Κερύνειας

Ήσουν ψυχή περήφανη
και άγγιζες τα αστέρια
τη νύχτα της καλοκαιριάς
τη νύχτα την αιθέρια.

Μα ήρθαν οι Αγαρηνοί
να κόψουν τα μαλλιά σου
σκάλα να κάνουν τρίποδη
να 'ρθουν στην αγκαλιά σου.

Μ' αγγέλου πήρες τα φτερά
κι έφυγες φοβισμένη
κι έμειναν πόρτες ανοιχτές
και οι τοίχοι ραγισμένοι.

Θα στρίψει όμως ο Θεός
και θα καεί η σκάλα
κι από το χέρι τ' ουρανού
θ' ανάψεις, ω Λαμπάδα.

Να φέξης μες την σκοτεινιά
η γη μας να γιορτάσει
την Παναγιά και τον Χριστό
ο κόσμος να δοξάσει.

ΦΛΟΓΕΣ

Φλόγες τη γη μας έζωσαν
τα νιάτα μας έκαψαν
θρήνος είν' το τραγούδι μας
λυγμός η συντροφιά μας
κι όσοι ανοίξαν την πληγή
κι αυτοί μαζί μας κλάψαν.

Φλόγες μαράναν τους ανθούς
γλαδίολους και κρίνα
και τα πουλιά σωπάσανε
στα ξένα επετάξανε
να βλέπουν μόνο τους καπνούς
να κλαίνε για το κρίμα.

Φλόγες κρημνίσαν όνειρα
εθάψανε ελπίδες
κι είναι η ζωή μας χίμαιρα
μες της σκλαβιάς τα σίδερα
κάθε παλμός και καημός
γεμάτος καταιγίδες.
Σαν φύγουνε τα ερπετά
το χώμα θα καρπίσει
ο λυτρωμός και η λευτεριά
με της ειρήνης τα φτερά
σαν το γλυκόλαλο πουλί
στη ΓΗ ΜΑΣ, θα γυρίσει.

ΕΚΕΙ ΣΤΟΝ ΠΕΝΤΑΔΑΚΤΥΛΟ

Εκεί στον Πενταδάκτυλο
της Ρήγαινας τα κάστρα
σταυρώσαν την αγάπη μας
τα νιάτα τη χαρά μας
σκοτώσαν το φεγγάρι μας
και σβήσανε και τ' άστρα.

Στου Άη Ηλία την κορφή
πετούνε περιστέρια
που 'χουν της Κύπρου τη μορφή
και κλαίνε λυπημένα
έχουν σπασμένα τα φτερά
και είναι φυλακισμένα.

Μου ακούγεται Εωθινό
κι ένας δεσπότης ψάλλει
το -δεύτε λάβετε το φως-
και μη ρωτάτε πια το πως
Σαββάτου είναι πρωινό
και η Λευτεριά γιορτάζει.
Από τον τάφο γύρισαν
Θεός και Περσεφόνη
κι όλη την πλάση στόλισαν
μια εκκλησιά εκτίσαν
και ψάλλουνε Αποστόλοι
πως δεν είμαστε πια μόνοι.

Έγινε πάλι ζαστεριά
στη γη μας την Αγία
που πόνεσε και έκλαψε
για την ελευθερία.

ΑΝΕΒΑΙΝΩ - ΚΑΤΕΒΑΙΝΩ

Ανεβαίνω κατεβαίνω
σε κορφές και ρεματιές
κι όλο βλέπω μαύρα πεύκα
και καμένες τις μυρτιές

Ανεβαίνω στις κορφές
για να βρω χαρές παλιές
μα μου δείχνεις τις πληγές σου
που 'γίναν στοιχειών φωλιές.

Ανεβαίνω και γυρεύω
τα νερά τα δροσερά,
μα 'χουν γίνει όλο αίμα
διαφεντεύει η συμφορά.

Ανεβαίνω 'κει στα κάστρα
κατεβαίνω απαλά,
γιατί δεν έχει πια φεγγάρι
κι είναι χλωμός ο ουρανός
μαύρη νύχτα το 'χει πάρει
κλαίει κι αυτό σιωπηλά
για την τόση λεβεντιά σου
που την πήρε ο χαμός.

ΝΕΡΑΙΔΑ

Στην Κερύνεια

Ήσουνα μια νεράιδα
στα γαλανά νερά σου
που βασιλιάδες ζήλευαν
κι όλο για σένα έλεγαν
θαυμάζανε τη νιότη σου,
το όμορφο το μπόι σου.

Ήσουνα διαμάντι του γιαλού
και του ουρανού τ' αστέρι
βασίλισσα των πλανητών
που 'φεγγες την αυγή,
μα κλέψανε τα κάλλη σου
προτού ο ήλιος βγει.

Ήσουνα κόρη λυγερή
στους κήπους των ονείρων
μα μάλωσαν οι ποιητές
που πλέκαν ραψωδία
και συνέθεσαν για σένανε
μεγάλη τραγωδία.

ΑΝΑΣΤΑΣΗ

Πίστη στην Λευτεριά

Ήρθαν και μου 'παν τα πουλιά
πως κόντεψε η ώρα
που θα γιορτάσει τα παλιά
η γης η μαυροφόρα.

Αύριο γίνεται σεισμός
νεροποντή και χαλασμός
σε χώρα πικραμένη
στην Κύπρο την Εαρινή
που πάτησαν Σαρακινοί
και ζούσε σκλαβωμένη.

Σαν Παναγιά εθρήνησε
τα τόσα τα παιδιά της
τάφους πολλούς προσκύνησε
μέσα στην συμφορά της

Μα εκείνος ο μονάκριβος
ο γιός ο σταυρωμένος
που εσκοτώσαν οι ληστές
και οι βάρβαροι βασανιστές
ξαναγυρνά στη μάνα του
φωτοστεφανωμένος!

ΞΕΡΙΖΩΜΟΣ

Το δράμα της Μεσαρκάς
και Καρπασίας

Ήρταν οι τούρτζιοι έσσω μας
τζιαι αρπάξασιν το βίο μας,
χαλάσαν μας, εκάψαν μας,
στες στράτες επετάξαν μας
τζιαι μείναν ζώα πίσω μας
να κλαίουν το χαμό μας.

Στα σιέρκα μας εδώκασιν
του χάρου το μαντήλι
τζι' ένα σεντόνι σάβανο
τα πάθη να σχεπάζει
τζιαι στην αυλή μας στήσασιν
ένα σβηστό καντήλι.

Τους νέους μας εσφάξασιν,
τα σπίθκια μας ρημάξασιν,
τις κορασχιές χαλάσασιν
στους κάμπους τζιαι στην ερημιά
μες την μαύρη απονιά
ούλλους μας επετάξαν.

Ούλλοι πατούμεν πας τη Γη
που τρέμει μες το δάκρυ
τζιαι στάσσει γαίμαν η πληγή
που τρέχει μες την Μεσαρκάν
του Καρπασιού τα μάκρη.

ΜΗ ΦΟΒΗΘΕΙΣ

Μη φοβηθείς στον ουρανό
τα νέφη τα βαριά
ούτε βροχή, ούτε αστραπή
που 'ρχοντε απ' τον βοριά.

Αύριο θα 'ναι άνοιξη
η γη μας θα γιορτάσει
και η πονεμένη μας καρδιά
που έχασε την ζαστεριά
θα πιεί να ξεδιψάσει.

Μη φοβηθείς πατρίδα μου
μάνα μου γης γλυκιά,
και η Παναγιά στην πόρτα σου
με το σταυρό χτυπά
να διώξει τα δαιμόνια
την ώρα την κακιά.

ΠΛΑΝΗ

Ταλαίπωρη ζωή πικρή
που δέχεσαι ραπίσματα
κι ανέχεσαι τα πείσματα
γιατί σε κυβερνάνε
οι τρανοί και οι μικροί.

Απ' την πλάνη θε να φύγω
που πολύ με ξεγελά
και θωπεύει την πληγή μου
για να σμίγω πόνο-δάκρυ
κλείνοντας σιωπηλά.

-Χάσου πλάνη που πλανάσαι
και σε όνειρα πετάς,
όσο όμορφη και να 'σαι
σαν το ρόδο το ανθισμένο
τη ζωή μας την μαδάς.

Σαν σε χάσω θα 'ναι νίκη
και για μένα λυτρωμός
θα 'ναι των δεινών η λήθη
ο δικός σου ο χαμός.

ΑΓΙΑ ΚΑΡΠΑΣΙΑ

Σου στέλνω χαιρετίσματα

Σου στέλνω χαιρετίσματα
με του νοτιά τ' αγέρι
της θάλασσας τα κύματα
και μ' άσπρο περιστέρι.

Ύμνος για 'σε ακούγεται
πρωί και μεσημέρι,
όμορφα χρόνια αναπολώ
και τον Θεό παρακαλώ
κοντά σου να μας φέρει.

Να 'μασταν όλοι μας γιατροί
χιλιάδες νοσοκόμοι,
να γιατρευτούν τα πάθη σου
τα βάσανα και οι πόνοι.

Σου στέλνω χαιρετίσματα
γλυκιά μου Περσεφόνη
που ζεις μέσα στα μνήματα
παντέρημη και μόνη.
Σαν Παναγιά κοιμήθηκες
μέσα στην εκκλησία
κι άγγελοι δίπλα σου εμείς
σε ραίνουμε με κρίνα
Τρισάγιο σου ψάλλουμε
ΑΓΙΑ ΚΑΡΠΑΣΙΑ

ΤΖΙΑΝΟΥΜ - ΤΖΙΑΝΟΥΜ

Πάρε Αχμέτη την Σουζάν σου
την πολυαγαπημένη
τζι έλα εις τον μαχαλλάν σου
να ξανα 'βρεις την φωλιά σου
που δεν εν χαλασμένη
τζιαι για σένανε προσμένει.

Μεν κλαίεις μες το νοτά σου
-στο χωρκό μου αχ τζιαι να 'μουν-
που να αφήκεις τα μωρά σου,
βάρτα ούλλα στην ποθκιά σου
-χέπσι πέρα -περ -να ζιούμεν
-τζιανούμ -τζιανούμ -τζιανούμ -τζιανούμ.

Έλα εις το Παραμάλι
το Καντού τζιαι την Αυδήμου
να 'βρεις πάλε τζείντο μάλι
που 'ναι τζιαι στο Παραγιάλι
τζιαι μαζί να τραγουδούμεν
-Αχ στο σπίτι μου τζιαν ήμουν
-τζιανούμ -τζιανούμ -τζιανούμ -τζιανούμ.

ΤΖΙΥΠΡΟΣ ΛΕΒΕΝΤΟΜΑΝΑ

Εσού εν σκιάζεσαι οχτρούς
μήτε φωθκιές φοάσαι
τζι ούτε της θάλασσας αφρούς
βασίλισσα 'σαι στους Δελφούς
ξέρεις σόρταν τζιαι ριζικό
στα τζιήμματα τζιημάσε
-ξέρεις που παν οι στράτες σου
εν άδωλη η καρκιά σου
η λευτερκά τζιαι η τιμή
εν τα ιδανικά σου.

Είσαι εσού η Μάνα μας
λεβεντοκαμένη,
που ούλλην την γη επότισες
με το δικό σου δάκρυ
μα είσαι πάντα όμορφη
τζιαι σιηλιομυρισμένη.

Θα φύουν οι Σαρατζιηνοί
που μέσα στην ποθκιά σου
τζι ούλλοι οι κουρσάροι οι τρανοί
που κάψαν την καρκιά σου.

Τζι έννα ζυμώσεις τον πηλόν
που το δικό σου χώμαν
τζιήνα που σου χαλάσασιν
πάλε να ξαναχτίσεις
τζιαι οι κόσμοι εννα γιορτάσουσιν
που το δικό σου στόμα
την ώρα που 'ννα αναστηθείς
τζιαι πάλε να μυρίσεις.

ΣΤΟΝ ΒΡΑΧΟ ΤΗΣ ΑΓΑΠΗΣ ΜΟΥ

Στο πέλαγος σ' ένα νησί
έκτισαν τσιατίρι
κι είσαι εσύ ο ναυαγός
εγώ ο μαύρος πελαργός
που σαν σε βρήκα κλάψαμε
κι οι δυο στην πόρτα γράψαμε
-Εδώ σταυρός και γολγοθάς
ΤΟΥ ΠΟΝΟΥ ΜΟΝΑΣΤΗΡΙ.

Στον βράχο της αγάπης μου
μια εκκλησιά σου χτίζω
και πικροδάφνη φύτεψα
που καρτερώ να ανθήσει,
κάθε πρωινό και δειλινό
με δάκρυ την ποτίζω
ν' ανοίξουνε τα πέταλα
και να μοσχοβολήσει.

Εδώ ποτέ το πόδι του,
ας μη πατεί προδότης
γιατί κοιμάται ο Θεός
ΚΙ ΑΓΝΩΣΤΟΣ ΣΤΡΑΤΙΩΤΗΣ.
Μόνο τα έθνη κι οι λαοί
εκεί να προσκυνούσι
κι αν 'χάσαν την αγάπη τους
εκεί θε να την 'βρούσι.

Στον βράχο της αγάπης μου
εξόριστος θα μένω
με της ελπίδας τα φτερά,
θα σκάβω να βρω τη χαρά
εσέ πνοή και λάμψης μου
που σβήσαν οι κουρσάροι
θα καρτερώ θα καρτερώ
και θα σε περιμένω
ώσπου να 'ρθεί μανούλα σου
κοντά της να σε πάρει.

ΣΤΗ ΓΗ ΤΩΝ ΕΣΠΕΡΙΔΩΝ

Ύμνος στο Βαρώσι

Φτερούγιζες περήφανα
στη γη των Εσπερίδων
κι ήταν αντίλαλος γλυκός
το άσμα των Ελπίδων.

Ήσουν γλυκόλαλο πουλί
που πάντα κελαηδούσες
και είχες πράσινα φτερά
που κουβαλούσαν την χαρά
και την ζωή υμνούσες.

Στις αμμουδιές σου τις χρυσές
τα κύματα κυλούσαν
τις ομορφιές τα κάλλη σου,
τη δαντελένια αγκάλη σου
οι κοπελιές ποθούσαν.

Ήσουν κοράλλι του γιαλού
στο στήθος του πελάγου
που οι γοργόνες ζήλευαν
και οι κουρσάροι γύρευαν
για να το κάμουν φυλαχτό
του πόθου του μεγάλου.

Στους κήπους σου μαράθηκαν
πορτοκαλιές και κρίνα
και δεν ανθούν τα γιασεμιά
είναι πικρή απανεμιά,
μεγάλο είν' το κρίμα.

Μα ακούστηκε ο θρήνος σου
σαν άσμα των σειρήνων
και μάρτυρας ο θρύλος σου
θα 'ναι στην γιορτή σου
την ώρα της ανάστασης
και της ταφής εκείνων.

ΕΠΙΘΕΩΡΗΣΗ

Διάλογος του μαγείρου με τους
αρκάππαρους -σούρτα φέρτα-

Γεια σου μάειρα τεμπέλη
τζιαι παιδί του κουρκουτά
σούρτα φέρτα κάμνεις μέλι
σαν το κκέφι σου το θέλει
τζιαι μας γλέπεις που χαττάν.

Μα τζιαι είμαι γιω τεμπέλης
εν ο νους μου γλίορος
ο ζορνές μου τσιφτετελης
να χορευκει ο Πραξιτέλης
που 'ναι τσιάκκος σίουρος.

Σούρτα φέρτα στην κουζίνα
μπαίνουσιν αρκάππαροι,
σιησσιυνίζουν τζιαι σκαλλιάζουν
τζιαι ποτήρκα, πιάτα σπάζουν
που πεινούν οι άχαροι.

Μεσημέρι νύχτα, κρέας ούλλον φαουσιάζουσιν
δόσμας μήλο τζιαι παττίχαν
το φαΐ μας έχει τρίχαν
πομηλόρι τζιαι αγγούρι
να τους φέρει νάκκο γούρι
του Χάρη την εταιρεία
φαλλημέττο φκάλουσει.

Λαοθήκαν τζιαι φαρρέψαν
το παλλούτζιν φκάλασιν,
τζι' αντί να τόχουν κουμπιαστήρι
πίσω τους το βάλασιν.

Τζιαι λαλούν μας ρε μαείροι
που εν εχετε χαΐριν,
εν να σας την κόφουμεν

τούντην έπαρσιν την τόση
πόσχιετε για παναΐριν
για να μάθετε πως τρώσιν
οι αππάροι το τσαΐρι.

Σούρτα φέρτα, δώστα ρέστα
εν έχουν σειουρκάσιν
αφού τους λείπει η βεράντα
για να κάτσουν ούλλοι πάνω
ν' αυρουμεν τζιαι 'μεις αμάνταν οι μαείροι

14/10/1977
Βαγδάτη

I WISH I WAS

A song to my Love

I wish I was your shadow,
whenever you are, whenever you go.
The fresh air of May
for you to breath and feel
just as to remember how lovely
we played once on the hill.

I wished I was the light
and the rays of the sun,
your sight if I might
to curl and play
with your golden hail if I can.

I wish I was a shelter
under the rain
and a blossom on your chest
a dream in your heart to remain
and a magic bird for you to accept.

A necklace of jewels around your neck
to glister and shine
when the season is fine
and a silver cup in your hands
for you to drink LOVER'S Wine

THE BREEZE OF LOVE

Like the cloud on the sky
which is moving in the breeze
so the memory can fly
beyond and above
LOVER'S heavenly - bridge.

Below my eyes I can see
the beauty of the flesh
which is though perishable
is a wonder
so flourishing and fresh.

A couple of birds are praising
your grace in... "bloom"
and my thoughts are arising
wondering, for whom the winged angels
are singing for whom??

And the answer is coming
from above... beyond and above
for you my LOVE...

ΕΙΣΑΙ ΕΣΥ

Εσύ είσαι η ιδέα χωρίς σύνορα
του Πλάτωνα ο έρωτας ο ιερός.
Εσύ είσαι που λιώνεις με την αγάπη σου
τα σίδερα και παραμένει του ανθρώπου
ο πόθος ο στερνός.

Εσύ είσαι που γέννησες το φως και κτίζεις
τον Παράδεισο για 'μας,
εσύ σκορπίζεις χάρη στην ζωή μας
έστω κι αν κάπου κάπου πολύ μας τυραννάς.

Εσύ είσαι η γλυκιά μας μάνα
η αχώριστη μας φίλη κι αδελφή,
εσύ είσαι η άνοιξη του κόσμου
και της ζωής μας η ελπίδα η χρυσή
η ίδια Θεά είσαι Εσύ!